Élan 23 Mars 1920
MINISTÈRE DE LA GUERRE
MAJOR DE L'ARMÉE
3e BUREAU
NOTICE PROVISOIRE
SUR L'EMPLOI DES
DE COMBAT
ENGINS D'INFANTERIE
PARIS
CHARLES-LAVAUZELLE
Éditeur militaire
Boulevard Saint-Germain, 124
1920

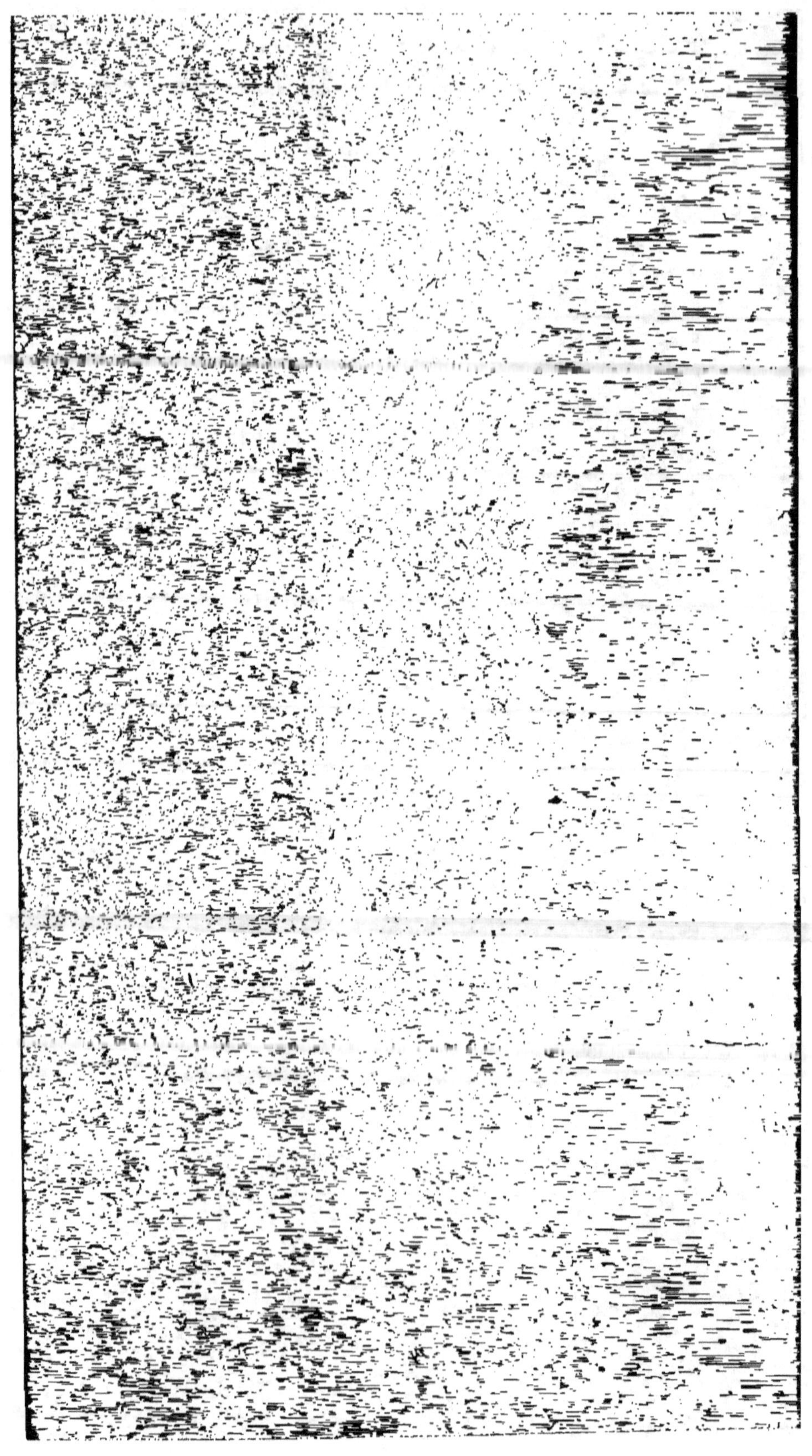

MINISTÈRE DE LA GUERRE

ÉTAT-MAJOR DE L'ARMÉE

3e BUREAU

INSTRUCTION PROVISOIRE

SUR L'EMPLOI DES

CHARS DE COMBAT

COMME ENGINS D'INFANTERIE

PARIS
HENRI CHARLES-LAVAUZELLE
Éditeur militaire
124, Boulevard Saint-Germain, 124

MÊME MAISON A LIMOGES

1920

MINISTÈRE DE LA GUERRE.

ETAT-MAJOR DE L'ARMÉE

3° *Bureau*

23 mars 1920.

INSTRUCTION PROVISOIRE

SUR

L'EMPLOI DES CHARS DE COMBAT

COMME ENGINS D'INFANTERIE

CHAPITRE PREMIER.

ROLE DES CHARS DE COMBAT.

1. — Les chars de combat sont des appareils cuirassés, à propulsion mécanique, destinés à faciliter le mouvement en avant de l'infanterie, en brisant les obstacles passifs ou les résistances actives qui se présentent sur le terrain du combat.

Les chars de combat constituent donc un moyen d'action essentiellement offensif.

2. — De cette mission générale résultent les qualités qui doivent caractériser ces engins :

1° *L'aptitude à combattre dans la plupart des terrains et à briser les obstacles passifs*, pour frayer passage à l'infanterie;

2° *Un armement suffisant pour détruire ou tout au moins* neutraliser rapidement les résistances actives qui s'opposent au mouvement de l'infanterie;

3° *Une protection aussi complète que possible* contre les moyens de destruction ou de neutralisation employés par l'ennemi.

3. — *Les chars ne peuvent conquérir ni occuper à eux seuls le terrain.* Ils ne sont qu'une aide puissante mise à la disposition de l'infanterie; leur action par le mouvement et le feu vient se combiner avec celle de cette arme.

CHAPITRE II.

ORGANISATION DES CHARS DE COMBAT.

4. — Les diverses missions attribuées aux chars de combat doivent être remplies, quels que soient le bouleversement du terrain et la nature des organisations ennemies.

Un seul modèle de chars ne saurait satisfaire à ces conditions multiples. On doit donc disposer, en dehors des *chars légers d'accompagnement* de l'infanterie, de *chars de rupture* susceptibles d'ouvrir la voie, en tous terrains, à l'infanterie et à l'artillerie, et capables, d'autre part, de réduire la résistance des points d'appui fortement organisés (1).

Caractéristiques des appareils.

5. — A. — CHARS DE RUPTURE :

Un modèle de char de rupture est actuellement à l'étude.

B. — CHARS D'ACCOMPAGNEMENT :

1° *Chars légers.* — Le char léger actuel, du poids de 6 tonnes 5, est armé d'une mitrailleuse ou d'un canon de 37, ou, éventuellement, d'un canon plus puissant.

Sa vitesse de marche s'échelonne pratiquement entre 1 kilomètre et 5 kilomètres à l'heure.

L'appareil est capable, en bon terrain, et par temps sec :

De passer des coupures à bords francs de 1m,70 à 1m,80. S'il s'agit de tranchées, cette largeur maxima est réduite à 1m,50 (en raison de la présence d'un parapet et de terres de déblai à pentes plus ou moins fortes);

De passer au travers de tous les réseaux de fil de fer en usage à la fin de la guerre;

De renverser des arbres ou des piquets de bois isolés d'un diamètre inférieur à 0m,20, des piquets métalliques isolés d'un diamètre inférieur à 0m,05;

De traverser les haies de toute nature, ainsi que les taillis de 8 à 10 ans;

De jeter à bas des murs de briques ou de pierre de moins de 0m,40 d'épaisseur;

---

(1) On doit prévoir que le règlement définitif de manœuvre de l'infanterie traitera entièrement la question de l'emploi tactique des chars légers de combat comme engins d'infanterie.

De même que le commandant d'une unité de mitrailleuses trouve dans l'instruction sur le combat offensif du 4 avril 1919 toutes les dispositions relatives à l'emploi tactique de la mitrailleuse sur le champ de bataille, le commandant d'une unité de chars légers trouvera dans le règlement définitif susvisé les prescriptions intéressant la tactique des chars légers.

En somme, il convient d'envisager la *fusion complète* de la tactique de combat des chars d'accompagnement comme aides de l'infanterie avec celle de l'infanterie proprement dite.

Les chars de rupture, au contraire, ont à répondre à d'autres conditions qui les subordonnent moins directement à l'infanterie.

De franchir des pentes de 100 p. 100;

De traverser à gué les rivières ou blancs d'eau d'une profondeur inférieure à 0^m,70.

En terrain meuble ou par mauvais temps, les capacités de franchissement ci-dessus indiquées sont à réduire fortement.

Les zones de terrain profondément bouleversées par le tir prolongé de l'artillerie de gros calibre constituent un obstacle infranchissable au char léger.

Son approvisionnement en essence lui permet de marcher environ huit heures sans ravitaillement.

Il transporte 4.800 cartouches de mitrailleuse ou 225 cartouches de canon de 37^{mm} et 12 boîtes à mitraille.

Son équipage comprend :

Un officier ou gradé, chef de char;

Un homme de troupe, mécanicien.

2° *Chars marque V**. — Le char marque « V une étoile », dont dispose actuellement l'armée française, est un char d'accompagnement plus lourd que le char léger. Il possède une capacité de destruction des obstacles passifs et des facilités de progression supérieures à celles du char léger actuellement en service; mais son volume plus considérable et son blindage moins épais le rendent plus vulnérable; il est aussi moins maniable.

Ce char, du poids de 32 tonnes 5, est armé, soit de quatre mitrailleuses et de deux canons de six livres (char mâle), soit de six mitrailleuses (char femelle).

Sa vitesse s'échelonne pratiquement entre 1 et 3 kilomètres à l'heure.

Il peut monter des pentes de 100 p. 100 et passer une coupure de 4 mètres.

Son approvisionnement en essence lui permet de marcher environ six heures sans se ravitailler.

Il transporte :

Char mâle : 207 obus et 5.640 cartouches;

Char femelle : 12.780 cartouches.

L'équipage comprend un officier et sept hommes.

3° *Chars T. S. F.* — Le char T. S. F. est du même modèle que le char léger. Il est muni d'un appareil de T. S. F. émetteur et récepteur, et constitue un poste mobile qui prend place dans le « réseau de division ».

Il n'a pas d'armement.

Organisation dés unités de chars de combat sur le pied de guerre.

6. — *Les chars légers* sont groupés en sections, compagnies et bataillons.

La section de cinq chars (trois chars-canons de 37 et

deux chars-mitrailleuses), est la véritable unité de combat;
elle ne doit jamais être fractionnée.

La compagnie comprend trois sections, plus un char de
commandement, un char de T. S. F. et un échelon de huit
chars, dont trois de ravitaillement et cinq de remplacement,
soit au total vingt-cinq chars, dont quinze de combat.

Le bataillon comprend trois compagnies.

Plusieurs bataillons de chars légers, un organe de ravitaillement et de dépannage et un détachement de transport sur
route forment un *régiment de chars légers de combat.*

*Les chars marque V** sont groupés en sections, batteries,
groupes et groupements.

La batterie de quatre chars (deux sections de deux chars)
constitue l'unité de combat; *elle ne doit pas être fractionnée.*

Le groupe comprend trois batteries et un échelon de trois
chars, dont un de ravitaillement et deux de remplacement.

Trois groupes de chars marque « V une étoile » et un organe de ravitaillement forment un groupement.

Une brigade de chars comprend un nombre variable de
régiments et de groupements et un parc.

Le parc affecté à chaque brigade assure la fourniture aux
unités du matériel spécial qui leur est nécessaire. Il pro-
cède aux réparations et évacuations. A cet effet, quand une
brigade est en opérations, son parc peut se dédoubler en
deux fractions : *un échelon avancé,* susceptible de se dé-
placer en même temps que les troupes et dont le point de
stationnement est choisi à proximité immédiate de la zone
des opérations, et un *échelon arrière* doté de moyens plus
puissants.

CHAPITRE III.

CONDITIONS GÉNÉRALES D'EMPLOI DES CHARS
DE COMBAT

7. — La coopération des chars au combat de l'infanterie ne
peut être réellement efficace qu'à partir du moment où
l'infanterie est arrivée à distance d'assaut. Les conditions
d'observation et de pointage limitent en effet l'action des
chars au combat *immédiat et rapproché.*

Toute apparition de chars dans un terrain éloigné de l'objectif à conquérir n'aurait d'autre résultat que de déceler
l'imminence de l'attaque, d'attirer les coups de l'artillerie ennemie et, probablement, d'amener la destruction des chars
— à cause de leur visibilité — avant qu'ils aient efficacement
servi.

8. — L'emploi des chars doit être normalement envisagé
en masse, en profondeur et avec le souci constant de reconstituer des disponibilités; il doit être réservé pour des
opérations offensives, visant la conquête d'une *zone profonde* et se déroulant dans des *terrains praticables aux
chars,* c'est-à-dire correspondant aux facultés techniques
de progression des modèles employés.

9. — *L'emploi en masse* des chars sur un large front les rend capables de réduire dans le minimum de temps les résistances adverses. Il oblige, d'autre part, les moyens de défense contre-chars de l'ennemi à disperser leur action.

On affecte en principe un bataillon de chars légers à une division d'infanterie à trois régiments; une compagnie, à un régiment de première ligne.

Si le nombre de chars mis à la disposition d'une armée ne permet pas d'en doter, en quantité *nécessaire et suffisante*, toutes les grandes unités subordonnées, *le haut commandement affecte les unités de chars aux grandes unités dont le succès doit tout particulièrement déterminer le succès général de l'opération.* Cette affectation est réglée de manière à réaliser dans les grandes unités désignées l'emploi en masse des chars tel qu'il est défini ci-dessus.

Ce principe doit, d'ailleurs, servir de base à la répartition des chars à tous les échelons.

Il y a, d'autre part, le plus grand intérêt à faire surgir les chars *au même moment*, afin de ne pas permettre à l'ennemi de concentrer ses feux sur les unités de chars apparaissant successivement et de les annihiler l'une après l'autre.

10. — La répartition initiale des unités de chars opérant dans la même zone d'action doit assurer leur *échelonnement en profondeur*. Il est désirable, en effet, que des chars soient mis à la disposition de toutes les unités, divisions, régiments, bataillons, qui viendront successivement combattre en première ligne.

De plus, l'intervention des chars peut avoir les plus heureuses conséquences dans la phase du combat où l'artillerie d'appui direct est dans la nécessité d'effectuer des déplacements. Il est évident qu'au moment où l'infanterie doit davantage compter, pour assurer sa progression, sur les engins de feux qu'elle possède en propre, les chars sont susceptibles de lui prêter un appui particulièrement précieux.

D'autre part, l'arrivée sur le champ de bataille d'unités de chars fraîches en fin de journée, ou lorsque la rupture du front ennemi est réalisée, est de nature à produire des résultats incalculables.

Enfin, le commandement ne devra pas oublier que les unités de chars s'usent vite sur le champ de bataille et qu'elles ont une limite de rendement déterminée à la fois par les quantités d'essence emportées et par l'endurance des équipages.

En conséquence, indépendamment des unités de chars entrant dans le dispositif des troupes d'infanterie d'attaque, il faudra, autant que possible, se ménager des réserves d'unités de chars. Mais il reste bien entendu que *les troupes de première ligne doivent d'abord être dotées des quantités de chars nécessaires et suffisantes pour assurer leur succès* et que les réserves de chars ne devront pas être employées isolément, c'est-à-dire en dehors d'une action bien concertée avec celle de l'infanterie.

11. — La nécessité d'une exploitation rapide par les groupes de combat d'infanterie des résultats obtenus par les chars, l'impossibilité pour ces derniers de remplacer complètement l'infanterie imposent à ces deux éléments *une étroite coopération au combat.*

Cette coopération ne sera vraiment efficace que si la liaison morale et matérielle a pu être établie avant l'attaque entre les unités d'infanterie et les unités de chars appelées à combattre ensemble. L'établissement de cette liaison exige du temps.

12. — *La zone de terrain dont la conquête est envisagée doit être profonde* et s'étendre tout au moins jusqu'aux positions de l'artillerie légère adverse.

Si le système d'artillerie ennemi ne se trouvait pas désorganisé au moment où l'infanterie atteint les objectifs assignés, les chars risqueraient de ne pouvoir être dépannés sous le feu et d'être abandonnés sur le champ de bataille.

Ce n'est donc que dans des conditions particulièrement favorables de terrain et de neutralisation de l'artillerie qu'une action peu profonde pourrait être menée avec l'appui des chars. Le commandement doit mettre en balance le risque à courir avec l'importance des résultats attendus.

13. — Le terrain sur lequel se déroule l'action des chars *doit permettre une progression assez facile, au moins pour les appareils de rupture.* L'intervention des chars dans une zone impraticable n'aboutirait qu'à l'immobilisation plus ou moins rapide des appareils, sans profit pour l'infanterie.

Les positions bouleversées par le tir de destruction de l'artillerie lourde, ou constituées par un lacis serré de tranchées larges, présentent de grandes difficultés de progression pour les chars d'accompagnement actuels. L'attaque de semblables positions avec l'aide de chars n'est donc à envisager que si l'on possède des chars de rupture susceptibles de créer, par effondrement des tranchées et des obstacles, des passages praticables aux chars d'accompagnement.

Lorsqu'on ne possède pas de chars de rupture, les chars d'accompagnement ne doivent être employés qu'au delà de la zone des gros bombardements. Il y a lieu, dans ce cas, de prévoir très minutieusement les travaux d'aménagement à exécuter pour permettre le passage des chars dans la zone impraticable et d'y consacrer les moyens en travailleurs nécessaires.

Offensive.

14. — *Dans la période qui précède la prise de contact,* quelques unités de chars légers peuvent être poussées sur roues en arrière des premiers éléments d'infanterie, de façon à permettre leur affectation rapide au moment du besoin.

Dans tous les cas, il y a intérêt à transporter les **chars** sur camions ou sur remorques le plus en avant possible, en évitant toutefois d'exposer la colonne sur route aux tirs efficaces de l'artillerie ennemie.

15. — *Pendant la prise de contact*, l'affectation de chars légers aux unités d'infanterie engagées facilite la reconnaissance rapide des points occupés par l'ennemi.

16. — *Dans tout combat*, il importe d'abord de placer face à leur objectif, derrière le dernier couvert, les unités de chars appelées à participer à l'assaut. Dans tous les cas, l'action combinée de l'infanterie et des chars sera régulièrement montée. On consacrera à cette liaison tout le temps nécessaire.

17. — *Dans un combat en terrain libre contre un ennemi non encore en possession de tous ses moyens*, la nécessité d'agir vite prime généralement toute autre considération. La marche d'approche des chars d'accompagnement peut donc s'effectuer en plein jour en utilisant tous les couverts du terrain.

Pour la même raison, l'attaque et l'assaut peuvent être donnés à une heure quelconque, avec ou sans position de départ, précédés ou non d'une préparation d'artillerie. L'infanterie opère d'abord comme s'il n'y avait pas de chars. Ceux-ci marchent dans le sillage de l'infanterie, rattrapent cette dernière et entrent dans le combat en dépassant la ligne de feu.

18. — *Dans un combat contre un ennemi en position et disposant de moyens puissants, la vulnérabilité relative des chars* impose à leur coopération des conditions spéciales influant en particulier sur l'heure de l'attaque. La marche d'approche des appareils en plein jour et sous le feu de l'artillerie causerait inévitablement l'anéantissement prématuré des unités de chars, sans profit pour l'infanterie. La nécessité d'avoir pour les chars de bonnes positions de départ, c'est-à-dire des abris ou des couverts à proximité des premières lignes, soustrayant les appareils à l'action de l'artillerie ennemie jusqu'à l'heure de l'assaut, s'impose donc, dans le cas où l'action débute dans le courant de la journée.

L'absence de bonnes positions de départ implique, par contre, l'obligation d'attaquer au petit jour, à moins que les chars ne soient masqués aux vues de l'ennemi jusqu'à l'heure de l'attaque par le brouillard naturel ou par des nuages de fumée.

Ces conditions étant satisfaites, l'attaque peut avoir lieu *soit après une préparation d'artillerie plus ou moins longue, soit sans préparation d'artillerie.*

19. — *Dans une attaque faite sans préparation d'artillerie ou avec une préparation très courte,* il importe particulièrement, en vue d'exploiter à fond l'effet de surprise, que l'état du terrain et la nature des organisations ennemies, sur lesquelles les chars doivent s'engager, offrent des facilités de

progression suffisantes et que les chars disposent de positions de départ très rapprochées de la première ligne d'attaque (1).

Il importe également que les chars précèdent l'infanterie dès son débouché de manière à lui ouvrir la voie sans retard au milieu des défenses accessoires de l'ennemi.

Si l'opération débute par l'enlèvement d'une position organisée impraticable aux chars d'accompagnement, l'action par surprise peut cependant être tentée, grâce à l'action préalable des chars de rupture, telle qu'elle a été expliquée au paragraphe 13. Mais en raison de leur vulnérabilité, ces derniers engins ne doivent être employés que pendant les dernières heures de la nuit ou par brouillard naturel ou artificiel remplaçant l'obscurité.

L'action des chars de rupture peut s'étendre à la destruction à courte distance des nids de batteries adverses. Ils peuvent également se joindre aux chars d'accompagnement pour faire tomber les gros points d'appui (villages, bois de grande étendue, etc.) particulièrement organisés. Ils agissent alors soit par pénétration à l'intérieur des obstacles, en raison de leur masse, soit par leur feu, grâce à leur armement relativement puissant.

20. — *Lorsque l'attaque est précédée d'une préparation d'artillerie importante* et si l'on ne dispose pas de chars de rupture, il convient de faciliter la progression des chars d'accompagnement, soit en aplanissant, par des tirs appropriés, les obstacles que présentent les organisations ennemies, soit en ménageant, dans les zones de parcours plus facile, des couloirs qu'on ne fait pas battre par sa propre artillerie de gros calibre.

21. — *Retours offensifs ennemis :*

Quelle que soit la forme de l'attaque, les chars de combat sont propres à appuyer l'infanterie pendant son installation sur les objectifs atteints, mais *ils doivent être libérés dès que l'infanterie a pris possession du terrain conquis* et se trouve en mesure de briser par ses propres moyens les retours offensifs ennemis. Ils sont également libérés lorsque leur approvisionnement en combustible touche à sa fin.

Un maintien plus prolongé des chars est, en effet, susceptible de faire repérer rapidement l'emplacement des premières lignes d'infanterie. Il risque, d'autre part, de causer la destruction des appareils, dès que l'artillerie ennemie com-

---

(1) Toutefois, le désir de réduire cette distance a pour limite impérative la nécessité de ne dévoiler que le plus tard possible la présence des chars (bruits de moteurs, de chenilles, etc.). La distance qui sépare les positions de départ des premières lignes, dans une action exécutée au petit jour ou par brouillard, peut être augmentée; il suffit d'avancer l'heure à laquelle les chars quittent leurs positions de départ.

mencera à se ressaisir. Il compromet enfin la reconstitution longue et pénible des unités de chars en fin de combat.

De même, lorsque l'attaque est considérée comme momentanément enrayée, le commandant d'une infanterie disposant de chars doit ramener ces derniers en arrière dans des positions de ralliement convenablement choisies sans laisser les chars s'user en pure perte pour entraîner en avant une infanterie qui ne peut plus avancer.

Le commandant de chars s'occupe personnellement de la reconstitution de sa troupe dans le plus bref délai et reprend ensuite le contact du commandant de l'infanterie en vue d'une reprise de l'attaque.

Défensive.

22. — *Les chars de combat constituant un moyen d'action essentiellement offensif* ne sauraient être *utilisés comme organes de flanquement d'une position occupée.*

Leur emploi est justifié dans les contre-attaques et contre-offensives exécutées conformément aux prévisions du commandement ou même organisées au cours de l'action.

Ces opérations présentent, en effet, toutes les caractéristiques d'une action offensive. Les dispositions des articles 7 et suivants conservent donc, dans ce cas, toute leur valeur.

Il y a lieu cependant de tenir compte des conditions particulières suivantes :

Grandes difficultés d'entretien et danger de destruction prématurée que présenterait pour les chars un stationnement prolongé sur la position de couverture;

Immobilisation possible des chars sur un terrain impraticable, par suite d'une préparation puissante d'artillerie ennemie.

L'emploi des chars est donc généralement contre-indiqué dans la première phase de la bataille défensive, où les seules actions offensives possibles consistent en des contre-attaques locales exposées d'ailleurs à un feu puissant d'artillerie.

Les unités de chars mises à la disposition d'une grande unité en vue de la bataille défensive doivent être échelonnées en arrière de la position de résistance, de manière à pouvoir gagner, en temps voulu, les positions de départ prévues pour les contre-attaques ou retours offensifs organisés à l'avance avec leur concours.

Les reconnaissances de terrain sont faites, à l'avance, sur les fronts momentanément défensifs, partout où l'emploi des chars se montre avantageux. A la suite de ces reconnaissances, les plans d'action des opérations prévues avec l'appui des chars sont établis par le commandement et insérés aux plans de défense. Les travaux d'aménagement nécessaires à l'action des chars sont exécutés. Il importe que ces reconnaissances, études et travaux préparatoires soient d'autant plus poussés qu'on ne sera pas maître de l'heure.

A cette condition seule, la mise en œuvre des chars se fera avec le maximum de rapidité et de chances de succès.

23. Des considérations qui précèdent, il résulte que les décisions des commandants des grandes unités, en ce qui concerne l'emploi des chars, doivent viser :

1º La répartition des unités de chars de façon à assurer l'emploi en masse des chars et l'action en profondeur des unités d'infanterie ;

2º La forme de l'attaque projetée, compte tenu des possibilités d'emploi des chars ;

3º L'heure de l'attaque d'ensemble des unités appuyées de chars participant à une même action générale ;

4º Le cas échéant, les premiers objectifs sur lesquels les chars d'accompagnement ont à s'employer.

Dès que l'action des chars est terminée et exploitée, les unités de chars doivent être reprises en réserve de grande unité pour se reconstituer et être de nouveau employées à une action d'ensemble répondant aux conditions énumérées aux articles 7 et suivants.

CHAPITRE IV.

LES CHARS DANS LE COMBAT D'INFANTERIE. LEUR PROTECTION SPÉCIALE PAR L'ARTILLERIE ET L'AÉRONAUTIQUE.

24. — On ne saurait trop répéter que, lorsque l'infanterie doit mener avec les chars de combat une *action offensive*, le succès dépend de leur *coopération étroite*.

Cette coopération intime du char et de l'infanterie ne peut être assurée que par la subordination, au combat, de l'unité de chars au commandant de la troupe d'attaque, subordination descendant jusqu'à l'échelon « bataillon d'infanterie » inclusivement.

25. — Les chars combattent dans les rangs de l'infanterie et en combinaison avec elle. Mais si leur rôle est de faciliter son mouvement en avant, c'est toujours à l'infanterie qu'il appartient de s'emparer du terrain et de le conserver après l'avoir conquis.

26. — *L'infanterie doit être prompte à saisir et à exploiter la liberté d'action donnée par les chars*, car cette liberté est le plus souvent très fugitive. Sa propre sûreté dépend autant de la rapidité qu'elle mettra à venir occuper les parties du terrain atteintes par les chars que de l'effet moral de ces engins sur l'ennemi.

Attention constante, prompte résolution des chefs et particulièrement des chefs de section, rapidité dans l'exécution des mouvements, sont les conditions indispensables au succès pour une infanterie disposant de chars de combat.

L'infanterie doit aller là où vont les chars : *ce doit être un point d'honneur pour elle de ne jamais laisser un char aux mains de l'ennemi*. Si un appareil est entouré, elle n'hésite pas à tirer *avec balles non perforantes* sur les assaillants.

En aucun cas, elle ne doit reculer si elle voit les chars revenir de son côté, ceux-ci pouvant être obligés de se reporter en arrière en raison des nécessités propres de leur manœuvre (rétablissement de la liaison avec les groupes de combat, choix d'un point de passage, destruction d'une mitrailleuse qui viendrait à se révéler après leur avance, etc.).

27. — Il n'est pas possible de répondre que sur un ou plusieurs points particuliers du front d'attaque, les effets de l'artillerie ennemie, les caprices des moteurs, la présence d'obstacles imprévus ne réduiront pas à néant l'action des chars de combat. Il est par conséquent de toute nécessité que l'emploi des autres engins de feu soit prévu de telle façon que la lutte puisse se poursuivre même au cas où l'appui des chars viendrait à faire totalement défaut.

Le combat de l'infanterie par l'action combinée du feu et du mouvement, la neutralisation par l'artillerie des moyens de feu de l'ennemi, la liaison avec l'aviation doivent pouvoir se développer normalement avec ou sans les chars de combat.

28. — *Le canon de l'ennemi est l'adversaire dangereux pour les chars.*

Les conditions indispensables à la réussite d'une opération comportant l'emploi des chars sont en conséquence :

Une neutralisation particulièrement efficace de l'artillerie ennemie;

Des dispositions spéciales pour agir sur les pièces ennemies de défense rapprochée (voir chapitre VI, § 35);

L'aveuglement des observatoires terrestres ayant vue sur le terrain d'attaque;

L'emploi approprié d'engins fumigènes;

Une protection aérienne de la zone d'action des chars contre l'observation des avions ennemis (et, par là même, contre leurs bombardements).

CHAPITRE V.

MISE EN ŒUVRE DES CHARS DE COMBAT.

29.— *Les reconnaissances générales d'emploi des chars* ont pour but de donner au commandement tous les éléments des décisions prévues au paragraphe 23. Elles sont entreprises aussitôt qu'il est possible dans des conditions présentant toutes les garanties désirables en ce qui concerne le maintien du secret de l'opération envisagée.

Ces reconnaissances générales portent tout d'abord sur :

Les différentes zones de terrain au point de vue de leurs facilités de parcours pour les divers modèles de chars (emploi des observatoires terrestres, des observations en avions, de l'étude des photographies, interrogatoire des prisonniers, etc.);

La possibilité d'avoir des positions de départ, défilées aux vues terrestres et aériennes, à proximité de la ligne de départ de l'attaque;

La détermination des points de débarquement, sur voies ferrées ou sur routes correspondant aux zones d'engagement des chars, les cheminements d'approche, les positions d'attente des chars.

Ces reconnaissances d'ensemble doivent être faites d'avance sur tous les fronts où l'action s'est cristallisée. Elles permettront de réduire au minimum le délai nécessaire au déclanchement de l'attaque.

Plan d'action et ordre d'attaque.

30. — Dès que les décisions prévues au paragraphe 23 sont prises, les unités de chars sont nominativement affectées aux grandes unités avec lesquelles elles doivent opérer. Les commandants des unités de chars sont mis à la disposition des chefs de ces grandes unités pour exécuter les reconnaissances de détail, coopérer à l'établissement des plans d'action et déterminer les travaux d'aménagement nécessaires pour la mise à pied d'œuvre des unités de chars.

Il en est de même à chaque échelon du commandement jusqu'à celui du bataillon d'infanterie.

Les plans d'action (1) et les ordres d'attaque sont ainsi établis, à chaque échelon, par le commandant de l'unité en collaboration étroite avec le commandant de l'unité de chars intéressée, qui provoque au besoin les mesures nécessaires pour que les besoins spéciaux aux chars soient satisfaits.

Aucune unité de chars ne doit avoir une mission qui ne corresponde pas dans le temps et l'espace à une mission donnée à une unité d'infanterie. On doit dire : « Telle unité d'infanterie, renforcée de telle unité de chars, a pour mission, etc. ». Ce n'est qu'à l'échelon du bataillon d'infanterie que les missions *particulières*, attribuées aux chars pour atteindre le but commun, doivent apparaître dans les ordres des commandants d'unités.

---

(1) Plan de manœuvre, plan de l'artillerie, du génie, de l'aéronautique, des liaisons, des transmissions, de recherches et d'exploitation des renseignements, etc.

De même, *il ne doit pas y avoir d'ordre spécial aux chars.* Les ordres donnés à leur troupe par les commandants d'unités de chars à tous les échelons (commandant des chars de l'armée, du C. A., de la D. I., etc.) ne sont donc que les *extraits* des différents ordres des commandants des unités auxquelles les unités de chars sont affectées.

Chaque commandant de chars y ajoute simplement les prescriptions de détail pour l'exécution, ainsi que les dispositions intéressant exclusivement les chars (plan de ravitaillement en denrées spéciales aux chars, plan de dépannage, camouflage, etc.).

Travaux d'aménagement.

31. — Lorsqu'il s'agit d'attaquer des positions organisées, le passage des premières lignes est toujours une opération délicate en raison du bouleversement du terrain et de la multiplicité des tranchées.

Il est de toute nécessité que dans l'intérieur de nos positions, au moins, le possible soit fait à l'avance, pour faciliter le passage des chars. Les travaux à exécuter comportent l'amélioration des pistes reconnues, l'aménagement de passages de tranchées, l'apport des matériaux nécessaires au camouflage des appareils, à leurs positions d'attente ou de départ, etc. Ces travaux sont exécutés par des troupes désignées spécialement à cet effet et prises, si possible, dans les grandes unités de deuxième ligne.

Transport des chars sur le front d'attaque et centres de rassemblement.

32. — En général, les unités de chars sont transportées vers le front d'attaque par voie ferrée.

Un groupe de chars marqué « V une étoile » ou une compagnie de chars légers demandent un train. Dans des conditions particulièrement favorables, l'embarquement et le débarquement peuvent s'effectuer en moins de deux heures. Il est toujours prudent de compter trois heures. Ces opérations peuvent être exécutées en pleine voie au moyen de rampes spéciales ou, plus commodément, sur un quai en bout.

Toutes facilités doivent être données aux unités pour se procurer sur place les matériaux nécessaires à une opération rendue délicate par le poids des appareils.

Les chars légers peuvent aussi être transportés par voie de terre sur des camions spéciaux ou sur des remorques traînées par tracteurs (1).

---

(1) La vitesse moyenne d'une colonne de camions porte-chars est d'environ 8 kilomètres à l'heure. Le poids et l'encombrement de ces voitures exigent l'emploi de bonnes routes dures, à sens de circulation unique.

Après débarquement, les sections de ravitaillement et de dépannage stationnent et installent leurs ateliers en des *centres de rassemblement* choisis, en principe, dans des cantonnements à 9 ou 10 kilomètres du front. Les unités de chars cantonnent à proximité. Les parcs sont soigneusement camouflés. Les cadres complètent aussitôt leurs reconnaissances et dirigent ou suivent les travaux préliminaires à leur entrée en action.

Positions d'attente et de départ.

33. — Les chars ne peuvent soutenir une marche prolongée sans être revus et mis au point. Il importe donc de les transporter soit sur voie ferrée, soit sur route, aussi près que possible de leur terrain d'emploi.

Dans le cas d'une action débutant par un assaut contre un ennemi en position et disposant de moyens puissants, les chars doivent stationner jusqu'à la veille de l'attaque en des points suffisamment abrités pour que les équipages puissent mettre la dernière main au bon fonctionnement de leurs appareils.

C'est le but auquel répond le transfert des unités de chars, quelques jours avant l'attaque, sur *des positions dites d'attente.*

De là, les chars se rendent, au cours de la soirée ou de la nuit précédant l'assaut, à leurs *positions de départ,* où ils recomplètent leurs approvisionnements en essence.

Il appartient au commandant de la grande unité disposant de chars, de prendre des mesures pour masquer à l'ennemi le mouvement des appareils jusqu'aux positions de départ (patrouilles d'avions accompagnant les chars; tirs d'aveuglement des observatoires connus ou supposés, etc.).

Dans le cas où la situation exige une marche d'approche et un engagement succédant plus ou moins immédiatement au débarquement, le stationnement des chars sur des positions d'attente et de départ peut être réduit, ou même supprimé, au détriment de leur rayon d'action au combat.

CHAPITRE VI.

DU COMBAT DES CHARS EN COOPÉRATION INTIME AVEC L'INFANTERIE.

Départ. — Place des chars.

34. — L'heure à laquelle les chars, d'accompagnement coopérant à une opération offensive, quittent leurs positions d'attente et gagnent leurs positions de départ, dépend

essentiellement de la nature de l'opération envisagée et de la distance à laquelle les positions de départ se trouvent de la ligne avancée de l'infanterie. Ce déplacement ne se fera de jour que si les cheminements et la nature de l'opération (ennemi peu nombreux ou ébranlé) le permettent. *Il s'effectuera, le plus souvent, de nuit.* Ainsi, les chars échapperont au feu de l'artillerie ennemie et exerceront une action de surprise. L'heure à laquelle les chars auront ordre de quitter leur position de départ dépend encore de la nature de l'opération projetée et de la distance à laquelle la position de départ se trouve de la ligne avancée de l'infanterie..

Dans une action débutant par un assaut, sans préparation d'artillerie, les chars quittent leurs positions de départ avant l'heure de l'attaque, de façon à être en mesure de précéder, dès le début, leur infanterie. Ce dernier bond des chars peut être masqué par des tirs devant les lignes (emploi d'obus fumigènes).

On peut aussi, surtout si les positions de départ sont rapprochées et si l'attaque a lieu au petit jour, augmenter l'effet de surprise en ne tirant pas un seul coup de canon avant l'attaque; le bruit des moteurs révèle seul l'approche des chars, mais l'ennemi est trop tardivement averti pour prendre à temps ses dispositions de défense.

Dans une action de même nature, mais précédée d'une préparation d'artillerie tenant l'ennemi fortement en éveil, les chars quittent leur position de départ en même temps que débouche l'infanterie. qu'ils devancent dès que possible. De cette manière, ils ne dévoilent pas le moment de l'assaut.

Enfin, dans une opération où leur emploi n'est pas prévu pour le début de l'attaque, les chars suivent l'infanterie engagée, par bonds successifs, en utilisant le terrain. Ils règlent leur progression, de manière en entrer en action au moment voulu.

Protection par l'artillerie et l'aviation.

35. — Il a été fait mention au chapitre IV, paragraphe 28, des moyens à employer pour protéger les chars de combat contre l'artillerie et l'aviation ennemies. L'aveuglement des observatoires, la protection aérienne acquièrent une importance toute spéciale *pendant la marche d'approche,* les autres moyens faisant alors défaut.

Au combat, l'emploi d'engins fumigènes, encadrant d'un rideau opaque les objectifs successifs, contribue très efficacement à dérober les mouvements des chars aux vues de l'ennemi.

La destruction ou la neutralisation des pièces de défense rapprochée de l'ennemi incombent à l'artillerie (groupements d'appui direct et d'action d'ensemble, ou unités mises tem-

porairement à la disposition des commandants d'infanterie).
Le commandant de l'artillerie de la D. I. désigne, d'après
les instructions du général commandant la D. I., les unités
chargées de la protection spéciale des chars. Cette mission
n'est pas exclusive, mais les unités désignées doivent être
prêtes à s'en acquitter au premier appel. A cet effet, elles
doivent avoir des observatoires rapprochés et préparer les
éléments de leur tir sur la zone probable où se révéleront
les engins de défense contre-chars. Elles sont, en outre,
actionnées par un avion spécial qui survole le terrain de
combat des chars et signale les pièces de défense rappro
chée qui, très souvent, échapperont à l'observation terres-
tre.

De bons résultats ont été obtenus dans la protection des
chars contre la défense contre-chars rapprochée de l'ennemi, par des tirs de neutralisation exécutés par les chars-
mitrailleuses et les chars-canons sur tous les couverts sus
pects. L'approvisionnement en munitions des chars le
permet.

Mécanisme du combat.

36. — L'affectation de chars à l'infanterie ne modifie en
rien *les procédés* de combat de cette arme.

Il importe de considérer les armes transportées sous blindage par ces appareils comme des *auxiliaires de l'infanterie*, dont l'action persiste aussi longtemps que les résistances rencontrées ne sont pas entièrement surmontées, que
l'infanterie conserve une capacité offensive et que l'approvisionnement en essence autorise leur action.

Cette coopération intime ne sera assurée que si les chefs
de l'infanterie, jusqu'aux chefs de bataillon inclusivement,
après avoir soigneusement étudié, de concert avec les
commandants d'unités de chars qui sont sous leurs ordres,
le développement de l'opération avec ses incidents proba-
bles, arrêtent les petites manœuvres à exécuter en commun
par les chars et les groupes de combat d'infanterie, pour la
réduction des points présumés forts : bois, villages, fermes,
zones d'abris, etc. *Cette étude préalable doit être d'autant
plus poussée dans ses détails que la position à enlever est
plus solidement organisée*, mais aussi généralement mieux
connue.

Mais, si la présence des chars ne modifie en rien les procédés de combat de l'infanterie, il est bien clair qu'il peut
avoir une influence sur la répartition de cette arme pour
l'attaque, ainsi que sur la répartition de ses autres engins
d'accompagnement (groupes de combat, mitrailleuses, mor-
tiers d'infanterie).

Dans l'exécution, on ne doit pas perdre de vue que les
équipages malgré l'attention qu'ils apportent à observer le
terrain, se trouvent dans des conditions de vision et d'au-
dition qui ne leur permettent pas de découvrir par eux-mê-

mes tous les points où se manifestent des résistances. *Il appartient à l'infanterie de les leur indiquer à l'aide de signaux convenus à l'avance et, au besoin, par un homme de liaison entrant en conversation directe avec les équipages.* Quelques hommes d'élite par section d'infanterie doivent être spécialisés dans cette liaison d'une importance capitale. Il est indispensable que cette liaison subsiste toujours et, à cet effet, que les chars, en s'avançant trop, ne la perdent pas. L'infanterie serait alors impuissante à profiter des occasions créées par les chars.

Les groupes de combat attaquant avec les chars les organes de résistance de l'ennemi prennent possession du terrain dès qu'il est déblayé et poursuivent leur marche sans se préoccuper des chars.

Les autres groupes s'efforcent de progresser en liaison avec les groupes précédents et les chars, mais sans attendre que ces derniers aient fait tomber les résistances susvisées.

Lorsque la progression de l'infanterie est momentanément interrompue, les chars doivent être soustraits aux tirs de l'artillerie ou tout au moins aux vues de l'ennemi.

A cet effet, ils gagnent des *positions d'attente* ou *de départ* (1), d'où ils se tiennent prêts à déboucher, de manière à appuyer en temps voulu la reprise de l'attaque.

L'infanterie doit son aide aux chars dans leur lutte contre les organes de défense rapprochée de l'ennemi. Elle doit même prendre sous son feu les couverts susceptibles de dissimuler ceux de ces organes qui n'ont pu être repérés.

Lorsque l'infanterie a définitivement pris possession du terrain conquis, c'est-à-dire organisé le système de feux qui doit en interdire l'approche immédiate à l'ennemi, *les chars doivent être libérés.* Ils doivent l'être encore quand ils touchent à la fin de leur approvisionnement en combustible. Ils rejoignent, dans l'un et l'autre cas, un point de ralliement fixé hors de la zone d'action de l'artillerie de campagne de l'adversaire. Il en est encore de même lorsque deux attaques doivent être séparées par un intervalle de temps compatible avec le retour des chars vers l'arrière.

En résumé, la coopération efficace des chars et de l'infanterie nécessite, de la part de celle-ci, une ferme volonté de combattre sans attendre des chars dont elle dispose la solution entière de toutes les difficultés rencontrées, de la part des équipages, une attention soutenue, pour connaître les besoins de l'infanterie qu'ils appuient et y satisfaire.

---

(1) Différentes en principes des positions initiales. Les chars gagnent les couverts les plus rapprochés.

Liaisons et transmissions au combat.

37. — *Le commandant d'une unité de chars* est non seulement le *conseiller technique* du chef de l'unité d'attaque sous les ordres duquel il est placé, mais il est aussi le *commandant de sa troupe*, et, comme tel, responsable de son emploi.

Pour l'élaboration du plan d'engagement et de l'ordre d'attaque, la présence du commandant de chars est indispensable auprès du commandant d'infanterie qu'il sera chargé d'appuyer.

Au cours du combat, la même nécessité s'impose aussi longtemps que les réserves de chars à la disposition du commandant de l'unité de chars n'ont pas été engagées. Toutefois, ce dernier cherche à avoir personnellement des vues sur le terrain de combat de ses chars. Il reste avec eux en liaison directe. *Tout son esprit de décision, toute son énergie doivent tendre à réaliser les intentions du commandant de l'unité d'infanterie* en parant aux imprévus qui naissent de la lutte.
fanterie en parant aux imprévus qui naissent de la lutte.

Après l'engagement, il s'occupe de la reconstitution de sa troupe et reprend, le plus tôt possible, le contact personnel avec son chef tactique, afin de se préparer à des opérations ultérieures.

Tout commandant d'unité de chars qui quitte, pour entrer en contact immédiat avec sa troupe, le commandant d'unité sous les ordres duquel il est placé, laisse près de cet officier un agent de liaison qualifié, dépositaire de sa pensée et en mesure de lui rendre compte, à son retour, des événements survenus.

La compagnie (ou le groupe) étant la première unité tactique des chars, leur commandant dirige personnellement sur le terrain, l'entrée en ligne des unités subordonnées (sections ou batteries); il dispose, à cet effet, d'un char de commandement.

Les unités de chars engagées utilisent tous les moyens de transmissions propres aux troupes qu'elles appuient. Seules les unités de chars non engagées se relient, par leurs propres moyens, au central le plus rapproché.

Chars T. S. F.

38. — Chaque bataillon de chars légers dispose de trois chars T. S. F.

Les chars T. S. F. ne constituent pas un moyen de transmission réservé aux unités de chars. Ce sont des moyens supplémentaires mis à la disposition de la grande unité à laquelle ils sont affectés.

L'annexe indique le mode d'emploi de ces engins de transmission.

CHAPITRE VII.

DISPOSITIONS DIVERSES.

Entrainement des troupes au combat avec les chars.

39. — Pour que la coopération des chars et de l'infanterie puisse porter tous ses fruits sur le champ de bataille, il est essentiel que les unités d'infanterie soient appelées à participer aussi souvent que possible, avec les chars, à des exercices de démonstration et à des manœuvres d'application sur les terrains qui environnent les garnisons et dans les camps d'instruction.

Toute unité d'infanterie qui a reçu d'une manière plus ou moins développée l'instruction du combat en liaison avec ces engins doit en entretenir la pratique par des exercices où les appareils sont représentés par des fanions manœuvrés par des officiers ou des sous-officiers idoines.

Travailleurs.

40. — Il a été dit aux paragraphes 13 et 31 que les chars peuvent avoir besoin de travaux d'aménagement pour assurer leur passage dans les zones de terrain qui leur seraient, sans cette précaution, impraticables.

Le nombre de travailleurs que ces aménagements nécessitent dépend de l'importance des travaux à prévoir et du temps dans lequel le commandement désire que ce passage soit effectué. Chaque cas concret doit donc faire l'objet d'une étude approfondie et d'un véritable plan de travaux. Le commandement doit consentir à fournir le nombre de travailleurs voulu sous peine de n'avoir pas à compter sur les chars.

Il est également possible qu'au cours du combat, même en terrain libre, les chars se trouvent en présence d'obstacles qu'ils ne pourront franchir sans travaux d'aménagement. L'intérêt général impose à toute infanterie le devoir absolu de leur venir en aide. Le peloton de pionniers du régiment d'infanterie est tout indiqué pour recevoir l'instruction spéciale que ces besoins exigent.

Paris, le 23 mars 1920.

Approuvé :

Le Ministre de la guerre,
André Lefèvre.

ANNEXE.

EMPLOI DES CHARS DE TRANSMISSION, DITS « CHARS T. S. F. »

1. — MISSION DES CHARS T. S. F.

Les chars T. S. F. ont pour mission :

1° De transmettre aux unités engagées les ordres du commandement;

2° De transmettre au commandement les demandes des éléments engagés, notamment celles concernant le tir de l'artillerie;

3° Eventuellement, de transmettre au commandement des renseignements sur la marche générale du combat et notamment sur le front occupé par les troupes amies et les points tenus par l'ennemi.

2. — CARACTÉRISTIQUES DES CHARS T. S. F.

Les chars T. S. F. ont la même mobilité que les chars légers de combat Ils n'ont pas d'armement.

Leur équipage comprend :

Un commandant de chars;

Un radiotélégraphiste;

Un mécanicien de char.

Lorsque le commandant du char T. S. F. n'appartient pas à une unité de chars, il est désirable que le radiotélégraphiste ou le mécanicien de char soit apte à renseigner le commandant du char sur les possibilités de circulation des appareils.

3. — PROCÉDÉS DE TRANSMISSIONS.

a) Pour communiquer avec le commandement, les chars disposent d'un poste de T. S. F. émetteur et récepteur pouvant être englobé dans le « réseau de division » (1).

______

(1) Il y a lieu de tenir compte que, par construction, les appareils employés dans les chars n'admettent pas les longueurs d'ondes extrêmes de la série des réseaux de division.

Tous les postes de ce réseau peuvent donc communiquer avec les chars T. S. F. (1), mais en général :

Les ordres émanant des commandants des régiments d'infanterie et destinés aux bataillons de première ligne sont transmis par l'intermédiaire du poste à ondes entretenues de l'I. D.

Les indications et demandes d'une unité d'infanterie ou de chars engagée sont adressées par les chars T. S. F. :

Au poste de la D. I. pour tout ce qui concerne l'artillerie et la marche générale du combat;

Au poste de l'I. D. pour tout ce qui concerne les commandants de régiments et d'unités d'infanterie réservées;

A l'un ou l'autre, pour les ordres ou communications concernant les chars, suivant l'emplacement du chef de bataillon de chars;

Aux autres chars T. S. F. pour ce qui concerne les autres unités d'infanterie ou de chars.

Toutes mesures utiles doivent être prises par les états-majors de D. I. ou d'I. D. pour assurer la transmission rapide des messages aux destinataires intéressés et, en particulier, aux chefs de corps.

Il ne faut pas que l'emploi de ce procédé de transmission supplémentaire enlève aux chefs de corps la direction effective du combat des unités placées sous leurs ordres.

b) Les chars T. S. F. ne peuvent pas communiquer par leurs propres moyens avec les unités d'infanterie. *Ils jouent à leur égard le rôle d'un bureau télégraphique qui reçoit et expédie des dépêches, mais qui ne peut ni aller chercher les télégrammes à envoyer, ni assurer la remise de ceux qu'il reçoit.* Il faut donc que les chefs des unités d'infanterie :

1° Fassent parvenir au commandant du char T. S. F., autant que possible à la fois en chiffre et en clair (2), les demandes ou renseignements qu'ils désirent faire transmettre à l'arrière;

2° Détachent près du char (voir paragraphe 5) deux agents de liaison pour assurer la transmission des télégrammes reçus par le char. Ces télégrammes sont remis aux agents de liaison sous forme de messages écrits. Ils sont déchiffrés par les destinataires.

---

(1) En tenant compte des règles du service radiotélégraphique et des dispositions fixées par le plan des transmissions de la division.

(2) En effet, d'une part, le chiffrement doit être fait par l'autorité signataire d'un message, et, d'autre part, il est bon que le commandant du char soit mis au courant des messages transmis.

4. — Affectation des chars T. S. F.

Il résulte de la mission des chars T. S. F. telle qu'elle est exposée au paragraphe 1, que ces appareils ne s'engagent pas avec les chars de combat de l'unité à laquelle ils appartiennent.

Leur affectation, leurs caractéristiques techniques et celles des postes avec lesquels ils doivent correspondre (longueur d'ondes, indicatifs, etc.) sont fixées par les plans des transmissions des divisions.

La répartition des chars T. S. F. dépend du nombre d'appareils dont dispose la division et du dispositif de l'infanterie. En principe, un bataillon de chars étant affecté à une division, cette division disposera de trois chars T. S. F. En général, il est affecté un char T. S. F. par zone d'action de régiment engagé. Si le nombre des appareils le permet, il peut être avantageux d'en conserver un ou deux à la disposition du commandant de la D. I. ou de l'I. D. pour remplacer éventuellement les appareils mis hors de service.

5. — Emploi des chars T. S. F. au cours du combat.

La place normale des chars T. S. F. est à hauteur des P. C. des bataillons engagés. Lorsque le régiment auquel ils sont affectés n'a qu'un bataillon en première ligne, la place du char T. S. F. est dans le voisinage du P. C. de ce bataillon. Lorsque le régiment a plusieurs bataillons engagés, la place du char est, suivant les ordres donnés par le commandant du régiment, ou bien près du P. C. du bataillon qui a la mission la plus importante ou bien en un point qui permette des communications aussi faciles que possible avec les P. C. des divers bataillons engagés.

Avant l'attaque, les chars T. S. F. attendent en des points désignés que les chefs de bataillon de première ligne se soient mis en mouvement. Ils se portent alors en avant, reconnaissent l'emplacement exact des P. C. de ces chefs de bataillon et choisissent dans leur voisinage *un point de stationnement,* autant que possible défilé aux vues des observateurs ennemis. Ces P. C. de bataillon détachent près du char affecté à leur régiment deux agents de liaison, ou, si la distance et les circonstances le rendent nécessaire, se réunissent à eux par une chaîne de coureurs.

Lorsque, au cours du combat, les chefs de bataillon de première ligne déplacent leur P. C., ils en avisent le commandant du char affecté à leur régiment et lui font connaître l'emplacement approximatif de leur prochain P. C., l'itinéraire par lequel ils comptent s'y rendre et l'heure à laquelle ils désirent voir arriver le char T. S. F. Le commandant du char leur fait connaître à son tour l'heure à laquelle il quittera son point de stationnement actuel, l'itinéraire qu'il suivra et l'heure à laquelle il espère être rendu à destination.

En arrivant à proximité des nouveaux P. C., les chars T. S. F. choisissent, comme il est indiqué ci-dessus, un nouveau point de stationnement.

En principe, et sauf stipulation contraire, les chars T. S. F. restent à la disposition des commandants d'unités auxquels ils ont été affectés aussi longtemps que dure le combat et tant que les communications, notamment celles par T. S. F. et T. P. S. ne sont pas assurées de façon certaine avec l'arrière. Ils regagnent ensuite, avec l'autorisation de ces commandants d'unités, les points de ralliement qui leur ont été indiqués.

Les chars T. S. F. évitent de façon absolue tout déplacement qui n'est pas indispensable. Ils ne doivent être qu'exceptionnellement chargés de porter des ordres aux commandants de compagnie de première ligne.

L'emploi des chars T. S. F. ne doit pas faire négliger les autres procédés de liaison.

6. — Missions spéciales.

Lorsqu'un ou plusieurs chars T. S. F. sont réservés en vue de missions spéciales : transmissions d'ordres particulièrement importants, remplacement des chars T. S. F. mis hors de combat, réglages (1) de certains tirs d'artillerie, etc., ils attendent sur des emplacements leur permettant de gagner facilement et rapidement la région dans laquelle ils doivent opérer les ordres de l'autorité à laquelle ils sont affectés. Ces ordres doivent toujours indiquer la durée probable de la mission et le point auquel les chars devront revenir une fois leur mission terminée.

7. — Reconnaissance et entente préalables.

Une étude minutieuse des ordres d'opérations et du terrain est indispensable aux commandants de chars T. S. F. pour leur permettre de remplir convenablement leur mission. Il est particulièrement utile que les commandants de char participent aux reconnaissances et études préliminaires des commandants de bataillon de première ligne des régiments auxquels ils sont affectés et étudient avec eux leur zone d'action sur le plan directeur, sur les photographies et sur le terrain.

Ces études seront avantageusement complétées par un ou deux exercices exécutés avec les troupes dans des conditions se rapprochant autant que possible de celles du combat.

---

(1) Le char lui-même ne peut pas faire de réglage; il ne peut que transmettre les indications d'un observateur à la disposition duquel il est placé.

Paris et Limoges. — Imprimerie et Librairie militaires CHARLES-LAVAUZELLE,